Jesus

Tro & Liv
Bibel

~3~

Kasper Bro Larsen

Jesus

En historisk *crash course*

Enskilda Högskolan Stockholm
2023

© 2023 Kasper Bro Larsen och Enskilda Högskolan Stockholm

Översatt från danskan med tillstånd från författaren och Aarhus Universitetsforlag (2018)

Redaktör och översättare: Thomas Kazen
Grafisk form: Carl Johan Berglund
Författarfoto: Poul Ib Henriksen
Omslagsbild: Mosaik från Hagia Sophia, Istanbul.
Foto (beskuret): Steven Zucker (CC BY-NC-SA 2.0 DEED)

Enskilda Högskolan Stockholm
Åkeshovsvägen 29, 168 39 Bromma, Sverige
https://www.ehs.se 08-564 357 00

Tryck: BoD – Books on Demand, Norderstedt, Tyskland
ISBN 978-91-88906-23-6

Innehållsförteckning

Förord

Den här lilla boken av Kasper Bro Larsen är den tredje volymen i Enskilda Högskolan Stockholms serie *Tro & Liv Bibel*, som lanserades hösten 2020 för att förmedla bibelvetenskaplig forskning i dialog med aktuella frågeställningar kring tro och mänskligt liv.

Kasper Bro Larsen är professor i Nya testamentet vid universitetet i Aarhus, Danmark, och en produktiv forskare. Dessutom är han en flitig kommunikatör som omsätter sin forskning i populärvetenskapliga texter. Boken *Jesus* publicerades 2018 på danska i Aarhus Universitetsforlags serie ”Tænkepauser” och gjorde snabbt succé. Vi är tacksamma till Bro Larsen och förlaget för tillståndet att publicera boken också på svenska.

Boken *Jesus* handlar om vad som brukar kallas för ”den historiske Jesus”. Det är inte samma sak som trons Kristus utan fokus ligger på vad vi kan veta och ta reda på om Jesus som människa och historisk person i sin samtid. Men en historisk analys av människan Jesus, hans liv och död, hans handlingar och undervisning, har förstås också en påverkan på en kristen förståelse av Jesus roll och betydelse.

Historisk Jesusforskning har en lång historia med rötter i upplysningstiden, och vi är många som har engagerat oss i detta forskningsfält under årens lopp. Men alltför ofta skriver vi bara svårtillgängliga specialstudier över specifika aspekter av Jesusgestalten. Visserligen dyker enklare Jesusböcker upp på marknaden nu och då, ibland spekulativa och sensationslystna. Men översiktliga, sakliga, populärvetenskapliga texter på svenska om historiens Jesus, skrivna av forskare, är inte så vanliga. Undantag är *Den okände Jesus* av bibelvetarna Cecilia Wassén och Tobias Hägerland, samt *Jesus* av historikern Dick Harrison.

Kasper Bro Larsens *Jesus* är kortare än de ovan nämnda men ger en god introduktion till studiet av Jesus som historisk person. Författarens tolkningar är väl underbyggda och speglar för det mesta forskningens mittfåra, även om anslaget är personligt. Framför allt öppnar boken fönster mot de flesta viktiga huvudfrågor som forskningen kring den historiske Jesus ställer. Boken ger inga spiksäkra svar, men väcker intresse och aptit på mer, och kan användas som diskussionsunderlag – författaren har försett den svenska utgåvan med samtalsfrågor.

Förhoppningsvis kan Kasper Bro Larsens *Jesus* komma till användning i många olika sammanhang, såväl sekulära som kyrkliga. Boken erbjuder en *crash course* med fler insikter än det tunna formatet ger vid handen.

Thomas Kazen

1.

Jakten på den historiske Jesus

Megastjärnan

Mina föräldrar minns exakt var de befann sig när de fick höra att USAs president John F. Kennedy hade blivit skjuten. Det var den 22 november år 1963. Jag minns tydligt var jag befann mig under terrorattacken mot World Trade Center i New York den 11 september år 2001 och när Brasilien förlorade med 1–7 hemma mot Tyskland i semifinalen i fotbolls-VM år 2014. Det är inte heller troligt att jag glömmer våren 2020 när den globala covid-19-pandemin bröt ut.

Och så var det första gången jag hörde orden ”Älska dina fiender, gör gott mot dem som hatar dig”. Jag var konfirmand och mest intresserad av karate, så orden lät naiva för mig. Inte bara omöjliga, utan också orättvisa och samhällsfarliga. Och ändå med så otroligt högt till tak. Som om fiendekärlek var det mest naturliga i världen.

Den här lilla boken handlar om Jesus. Historievetenskapens Jesus, de tidiga kristnas Jesus, Bibelns Jesus och även lite om *my personal Jesus* – som Depeche Mode sjöng i en av bandets största hits. Det var Jesus som, enligt Matteusevangeliet, sa ”Älska era fiender”. Mer precist var det i Bergspredikan, som innehåller många av de mest berömda guldkornen vi tillskriver Jesus: ord om att sluta fred, om att inte låta sig styras av pengar, om att inte oroa sig för framtiden, om att inte döma andra, om att inte ge igen med öga för öga och tand för tand, utan vända andra kinden till.

Talet har inspirerat människor ända sedan dess. Mahatma Gandhi, det moderna Indiens fader, sa till exempel: ”Ett öga för ett öga gör hela världen blind”. Dag Hammarskjöld, FNs generalsekreterare på 1950-talet, fann styrka i orden om att var dag har nog av sin egen plåga. Och aktivisten och poeten Amanda Gorman blev världsberömd när hon vid president Joe Bidens installation 2021 nytolkade Bergspredikan med sin dikt ”The Hill We Climb”. Jesus är inte vem som helst, han är globalt igenkänd. För kristna är han Guds son och världens frälsare, för många andra en kulturell ikon.

”Följ mig”, sa Jesus. Idag har ingen fler följare än han, inte ens på Twitter. Enligt *Guinness rekordbok* är Bibeln, där Jesus är en av huvudpersonerna, den största bästsäljaren i historien. Den internationella tideräkningen räknar åren från Jesus Kristus födelse. Och korset som Jesus avrättades på är ett gigantiskt varumärke. I den katolska världen hänger krucifixet i offentliga institutioner. Det pryder den svenska flaggan och min mammas urringning. Röda Korset delar ut nödhjälp under korsets tecken. Och varje söndag tillber människor Jesus Kristus på korset i kyrkor runt om i världen. Andra åberopar hans namn när de slår sig på fingrarna. Det finns faktiskt knappast en sekund då inte Herrens bön från Bergspredikan reciteras någonstans på planeten.

Jesus är en kulturell spegel och ett vägmärke. *What would Jesus do*, frågar sig många amerikaner när de ställs inför ett moraliskt dilemma. Jesus finns överallt. Därför är det egentligen helt missriktat när Jehovas vittnen på gatan nedanför mitt kontor på Aarhus universitet frågar: ”Har du funnit Jesus?” Ja, visst har jag det! Som om han skulle ha försvunnit.

Jesus – ett bedrägeri?

Men vem var egentligen Jesus? Och har han ens existerat? Med jämna mellanrum dyker det upp författare som ifrågasätter att Jesus över huvud taget har funnits. Den danske litteraturprofilen Georg Brandes är ett exempel. År 1925 publicerade han *Sagnet om Jesus* (*Legenden om Jesus*), där han jämförde Jesus med Wilhelm Tell, en fiktiv schweizisk Robin Hood-typ, flink med sitt armborst. Enligt Brandes var Jesus ett fantasifoster, en legendarisk figur som uppfunnits av de första kristna. I Sverige har autodidakten Roger Viklund på senare tid framfört liknande åsikter i *Den Jesus som aldrig funnits* (2005) och innan dess professorn i engelska, Alvar Ellegård, som sadlade om och ägnade slutet av sitt liv åt att förgäves försöka övertyga historiska forskare om att den verklige Jesus egentligen levde långt tidigare och var ledare för sekten bakom Dödahavsrullarna (*Myten om Jesus*, 1992).

Åsikten florerar fortfarande på internet. Men bland historiker och bibelforskare, kristna eller inte, råder det allmän enighet: Jesus från Nasaret är en historisk person. Han var en jude som avrättades i Jerusalem av den romerske guvernören Pontius Pilatus, som styrde över Judeen i södra Palestina mellan år 26–36 evt (enligt vår tideräkning). Med Palestina menar jag den landremsa som ligger mellan Medelhavet och Jordanfloden och som är ungefär dubbelt så stor som Skåne.

Visserligen har vi inga skriftliga vittnesmål från Jesus egen hand. Och ögonvittnesskildringar har vi i bästa fall som andrahandsuppgifter. De fyra äldsta evangelierna om Jesus – de som hamnade i Bibelns nya testamente – skrevs knappast av ögonvittnen, utan av deras anhängare. Som med så många andra nya religiösa rörelser blev behovet av att nedteckna historien verkligt angeläget först när generationen av förstahandsvittnen började dö ut. Bland de kristna skedde detta på 60- och 70-talen evt.

De fyra evangelierna – Markus, Matteus, Lukas och Johannes – skrevs förmodligen under de följande två decennierna. De är ett slags Jesusbiografier, inte historiska rapporter från början till slut, utan kristet färgade tolkningar av den historiske Jesus. Trots sina många meningsskiljaktigheter är de alla överens om att se Jesus från Nasaret som en historisk person.

Förutom de fyra första känner vi också till flera evangelier som brukar dateras från omkring år 150 evt och de närmast följande århundradena. Dessa är de så kallade apokryfa evangelier som den tidiga kyrkan inte inkluderade i Nya testamentet: Thomasevangeliet, Petrusevangeliet och Judasevangeliet är några av dem. Att de valdes bort berättar i sig en intressant historia om de ideologiska striderna i den tidiga kyrkan, men som källor till den historiske Jesus är de inte till någon större nytta. De befinner sig alltför långt ifrån händelserna och är uppenbarligen beroende av de fyra evangelierna i Bibeln.

Men spåren efter Jesus går längre tillbaka än till de första evangelierna. De äldsta kristna texterna är Paulus brev från omkring år 50 evt. Paulus var till en början en ivrig motståndare till de kristna, men blev senare den viktigaste kristna förkunnaren i generationen efter Jesus.

Paulus skrev brev som till exempel Korinthierbreven, Galaterbrevet och Romarbrevet till kristna grupper i de större städerna i det romerska riket. De handlar mest om Jesus fortsatta andliga närvaro bland de kristna, men på vissa ställen nämner han också Jesus från det förflutna: Han föddes av en icke namngiven judisk kvinna, han undervisade om Guds vilja för människor och han höll en särskild avskedsmåltid med sina närmaste tolv anhängare, lärjungarna, innan han korsfästes av romarna.

Paulus utgår tydligt från att mottagarna känner till Jesus historiska existens. Dessutom rapporterar Paulus att några år efter Jesus död träffade han några av Jesus lärjungar och Jakob, Jesus egen bror. Och skulle inte Jakob ha sagt något om hans bror över huvud taget inte hade funnits?

Slutligen finns det några relevanta källor som skrivits av icke-kristna författare. De har naturligtvis en särskild tyngd, eftersom de förmodligen hade färre aktier i företaget än de kristna själva. Med dessa källor blir det mycket svårt att hävda att Jesus blev till genom en kristen konspiration. I två latinska texter från början av 100-talet förekommer Jesus i en bisats under epitetet ”Kristus”. De skrevs av de romerska författarna Tacitus och Suetonius. Men den viktigaste källan utanför den tidiga Jesusrörelsen är den judiske historikern Flavius Josefus. Det vill säga om hans text överhuvudtaget är äkta.

Den första Monty Python

Josefus var krigsfånge hos kejsar Vespasianus under det romerska kriget mot judarna år 66–70 evt. Bakgrunden till kriget var romarnas kolonisering av Palestina år 63 fvt (före vår tideräkning), vilket ledde till åratal av spridda konflikter mellan lokala representanter för det romerska imperiet och judiska militanta rebellgrupper. Redan på Jesus tid låg spänningarna i luften och krigen var deras kulmen.

När Vespasianus tog Josefus som krigsfånge var Vespasianus fortfarande bara en general. Men Josefus förutspådde en gyllene kejserlig framtid för honom, och Josefus fick rätt. Under kriget kröntes Vespasianus till romersk kejsare, och mannen var uppenbarligen mottaglig för smicker, eftersom han snabbt gjorde Josefus till hovhistoriker. På så sätt blev en judisk rebell vid namn Josef den romerske Josefus.

Josefus är den tidigaste icke-kristna författaren som nämner Jesus. Han skrev sina verk på 70- till 90-talet evt, samtidigt som de fyra evangelieförfattarna också skrev. Sammantaget är Josefus faktiskt vår bästa källa till judendomens historia vid tiden för Jesus. Monty Python, den brittiska komedigruppen, måste ha läst honom noga innan de gjorde den satiriska filmen *Life of Brian* från 1979. Filmens skildring av judendomens otaliga stridande fraktioner stämmer i vilket fall väl överens med Josefus skildring av de interna judiska spänningarna på Jesus tid.

Josefus nämner Jesus två gånger i sitt verk *Judiska fornminnen*. Första gången beskriver han Jesus som en vis man och mirakelgörare som levde på Pilatus tid. Det är helt i sin ordning. Men sedan börjar Josefus kalla Jesus för Kristus, det vill säga Messias eller befriarkungen, och berättar att han uppstod från de döda på den tredje dagen. Säg mig, har Josefus plötsligt blivit en kristen anhängare av Jesus? Det kan inte stämma.

De flesta forskare anser därför att detta vittnesmål hos Josefus, det så kallade *Testimonium Flavianum*, är ett senare kristet tillägg till Josefus text, antingen helt eller delvis. Kristna munkar under medeltiden som kopierat Josefus verk måste ha förskönat eller till och med hittat på texten. Kanske för att göra världens frälsare lite mer framträdande i den judiska historien.

Det finns dock ett annat avsnitt hos Josefus som vi måste betrakta som autentiskt. Här berättar han hur en korrupt judisk överstepräst avsattes år 62 evt eftersom han hade utnyttjat ett ögonblick av romersk ouppmärksamhet till att anklaga en grupp kristna för att ha brutit mot Moses lag och låtit stena dem till döds. Och sedan kommer det, nästan i förbigående: gruppen leddes av Jakob, bror till den Jesus som kallades Kristus. Och det är allt.

Josefus ger alltså Jesus från Nasaret bara en liten sidoanteckning. På andra ställen i *Judiska fornminnen* har han annars gott om plats att beskriva liknande folkliga profetgestalter från sin tid, inklusive Johannes döparen, som vi också känner till från Nya testamentet.

Anledningen till att Josefus gör en så relativt liten affär av Jesus kan vara att den historiske Jesus faktiskt var mindre viktig under sin egen livstid än den historiske Johannes Döparen. Detta förändrades dock strax efter deras död. Först och främst för att Jesus fick en betydligt bättre presschef än Johannes Döparen. Jag tänker på Paulus, som reste runt i östra Medelhavsområdet med idén att Jesus inte bara var en profet för judarna, utan en frälsare för alla människor.

Så i Josefus har vi en källa från det första århundradet som inte härstammar från den tidiga jesusrörelsen och som kan bekräfta Jesus existens. Men vi kommer aldrig att få en *smoking gun*. Samma sak gäller för en mängd andra personer från antiken. Ändå tar vi för givet att de är historiska. Med andra ord, om vi är alltför kräsna med våra källor blir det nästan omöjligt att skriva antik historia. Vid sidan av Josefus är Jesus från Nasaret faktiskt en av de bäst historiskt välbelagda judiska personerna från det första århundradets Palestina. Detta är anmärkningsvärt med tanke på att Jesus inte tillhörde aristokratin.

Den heliga graven

Under hela den västerländska historien har jakten på spår efter Jesus bakom texterna pågått. Vem skulle inte vilja vara den Indiana Jones som hittar den heliga graalen, Jesus egen dryckesbägare eller kanske ett ursprungligt par Jesussandaler? De många flisorna från Jesus kors, som katoliker hedrar som heliga reliker i otaliga europeiska kyrkor från medeltiden, vittnar om samma längtan. Skeptiker brukar säga att flisorna tillsammans ger tillräckligt med trä för ett kors som är lika högt som ett kyrktorn. Jag börjar fundera på om mina egna fragment av Berlinmuren är äkta.

Men hur är det med arkeologin? År 1980 fick byggnadsarbetare i Jerusalem en riktig överraskning. De höll på att lägga grunden till nya lägenheter i den södra förorten Talpiot när de snubblade över en gravgrotta. Israeliska arkeologer började arbeta och hittade tio så kallade ossuarier. Det är små kistor som användes på Jesus tid för att förvara den avlidnes ben när köttet hade ruttnat bort.

Kistor är ganska vanliga fynd i Jerusalems gamla gravar; ibland är till och med namnen på de avlidna inristade i dem. Detta var också fallet här: Maria, Josef, Matteus, Mariamene, Jesus son Juda – och Josefs son Jesus. Alla är de namn som också förekommer i evangelierna. Var det kanske så att Jesus familjs begravningsplats hade dykt upp?

I så fall var Jesus inte ogift som evangelierna beskriver honom, utan både gift och fick en son. I så fall är Heliga gravens kyrka i Jerusalems gamla stad, där den kristna traditionen placerar Jesus grav, på fel plats. Och i så fall for inte Jesus till himlen efter sin död och uppståndelse, som några av evangelierna berättar för oss. Istället vilade han i Talpiot-graven i cirka två tusen år tills arkeologer förde över benen till Rockefeller Museum i Jerusalem. När arkeologerna var klara med undersökningen överlämnade de dem, enligt judisk sed, till rabbinerna som begravde dem på nytt på en okänd plats i staden. Och här slutar spåret.

Nej, det här är knappast fråga om Jesus grav. Gravar med benkistor och den här typen av inskriptioner tillhörde lokala överklassfamiljer i Jerusalem, medan Jesus kom från underklassen och från Nasaret cirka 140 kilometer norrut. Dessutom är namnen några av de vanligaste på Jesus tid. Det skulle vara som om arkeologer om två tusen år i Sverige hittade en slumpmässig gravsten med namnet Andersson. Vore det inte frestande att dra slutsatsen att den hade tillhört en ABBA-medlem? Eller en statsminister? Men nej, så var det nog inte. Hemligheten med Jesus grav är fortfarande väl bevarad.

Fantombilden

Men kan vi verkligen inte veta mer om den historiske Jesus än att han har funnits? På grund av källornas karaktär handlar antik historia sällan om säker kunskap, utan om varierande grader av sannolikhet. Det kan mycket väl vara så att vissa av evangeliernas berättelser om Jesus verksamhet och undervisning bygger på ögonvittnesskildringar. Men det är under alla omständigheter ganska säkert att de tidiga kristna och evangelieförfattarna diktade och lade till. Vårt problem i sökandet efter den historiske Jesus är att evangelierna är en blandning av historia och tidigkristen fanfiction.

Vi kan jämföra med den brittiske filmregissören Richard Attenboroughs oscarsbelönade drama om Mahatma Gandhis liv och mordet på honom. Gandhi mördades den 30 januari år 1948 i Delhi på väg till ett bönemöte. Attenboroughs film är från 1982, mer än trettio år senare. Filmen följer historiska personer och händelser som Gandhi själv, hans långa icke-våldskamp för Indiens frigörelse från britterna, hungerstrejkerna som politiskt vapen och den fanatiske mördaren som satte stopp för Gandhis vision om ett enat hinduiskt-muslimskt Indien.

Nu kan den här historien betraktas på olika sätt. Gandhi skildras inte ur ett kolonialt perspektiv som rebellen som berövade britterna en stor del av det imperium där solen aldrig gick ner. Filmens perspektiv är snarare postkolonialt, så Gandhi är frihetshjälten. Filmen helgonförklarar Gandhi och berättar lika mycket om Attenboroughs egen tid och värderingar som om den historiske Gandhi.

Något liknande gäller för evangelierna. De är också biografier som kretsar kring mordet på en hjälte. De skrevs också några årtionden efter hjältens död – till och med på ett annat språk än hjältens eget, nämligen grekiska, medan Jesus själv talade arameiska eller hebreiska. Och de berättar lika mycket om evangelieförfattarna och deras kristna teologi som de gör om Jesus själv.

Jesus kan mycket väl ha sett sig själv som en profet eller messiasgestalt, men knappast som Guds ende son sänd från himlen. Detta är svårt att föreställa sig inom judendomens monoteistiska universum. Den Jesus vi möter i evangelierna är både en historisk person och en fiktiv hjälte, som av senare kristna hyllades som Guds son och den multietniska kristendomens grundare. Men detta var nog inte helt identiskt med Jesus eget projekt.

Så hur hittar vi då den historiske Jesus mellan raderna i evangelierna? Kan vi ens skilja sädeskornen från agnarna? Jakten på den historiske Jesus har sysselsatt bibelforskare sedan slutet av 1700-talet, inspirerad av den moderna historievetenskapens framväxt. Vissa forskare är optimistiska i detta avseende. De menar att det är möjligt att med hjälp av en tillräckligt kritisk granskning av källorna rekonstruera vad Jesus gjorde och sa in i minsta detalj.

Under 1980- och 90-talen möttes till exempel amerikanska bibelforskare i det så kallade *Jesusseminariet*. Här diskuterade de vilka av Jesus uttalanden i evangelierna som var äkta och vilka som var senare tillägg av kristna. De gick igenom texterna rad för rad – och avslutade diskussionen med en omröstning.

Det samlade resultatet publicerades i en bokutgåva av evangelierna tryckt i fyra färger: Rött betydde ”här talar den historiske Jesus”; rosa ”detta låter Jesus-likt”; grått ”knappast”, och svart ”definitivt inte Jesus”. Men när inte ens forskarna kunde enas, utan var tvungna att rösta om påståendenas äkthet, kan sökandet efter den historiske Jesus lätt te sig som att leta efter en nål i en höstack. Kanske hittar du bara den Jesus du önskar att finna, *your own personal Jesus.*

Detta hävdade bibelforskaren Albert Schweitzer redan 1906 i sin klassiska tegelsten om Jesusforskningen, som han kritiserade för att vara mer ideologisk än historisk. Bibelforskarna försökte visserligen skildra den historiske Jesus, men resultatet blev, om inte en spegelbild, så en inkarnation av forskarnas egna ideal. Och man måste till stor del hålla med Schweitzer. På 1800-talet, när framstegsoptimismen och tron på den västerländska civilisationens överlägsenhet nådde sin höjdpunkt, beskrevs den historiske Jesus som den kristna kulturens stora moraliska förebild.

Omkring år 1900, när en ny *fin de siècle*-pessimism präglade tidsandan, sågs Jesus som en förkunnare av den kända världens undergång och gudsrikets ankomst. Detta var också Schweitzers egen ståndpunkt. Senare lyfte bibelforskare på vänsterkanten fram Jesus som en revolutionär Che Guevara-typ – särskilt på 1970-talet – medan andra forskare under det postmoderna 1980-talet betonade Jesus fördomsfria och ironiska undervisningsstil. Vad hjärtat är fullt av, det talar munnen.

Med en historisk Jesus-forskning som så att säga far fram och tillbaka mellan Herodes och Pilatus kan det vara svårt att behålla någon slags optimism när det gäller projektet. Det är därför det också finns måttliga pessimister som jag. En del av mina kollegor tappar hoppet alldeles och vill ge upp sökandet efter den historiske Jesus helt och hållet. Visst har han existerat, men själva rekonstruktionen skapar en slumpmässig fantom, säger de. Låt oss nu bara glömma den mystiske herr X.

Istället väljer de att uteslutande studera de tidiga kristnas föreställningar om Jesus. Dem behöver vi inte gissa oss till, eftersom vi har dem svart på vitt, till exempel i Paulus brev och i evangelierna. Men jag tror inte att vi behöver vara så pessimistiska. Vi kanske inte kan gå in på detaljerna, men med de rätta förbehållen kan vi visst sätta samman fragment av ett historiskt porträtt av Jesus.

Korsfästelsen är spiksäker

Det är som att lägga ett gammalt pussel med bara en bråkdel av bitarna kvar. Den bit som de flesta forskare kommer att lägga först föreställer inte Jesus födelse i stallet, utan hans dramatiska död på korset.

Romarna använde korsfästelse för att straffa icke-romerska rebeller och slavar ur de lägre klasserna. Det var ett offentligt skådespel för att varna befolkningen från att få några idéer. De dödsdömda bands eller spikades fast vid en påle, ibland med en tvärslå. De hängde sedan i armarna och dog av utmattning eller kvävning när kroppsvikten gradvis drog ihop luftvägarna. Detta kunde ta flera dagar. Det låter kanske makabert, men om Jesus hade avrättats med moderna metoder skulle dagens konfirmander bära ett smycke runt halsen med en elektrisk stol i silver.

Romarna korsfäste Jesus; detta faktum kan slås fast med en sju tums spik. För det första nämner både Paulus och evangelieförfattarna händelsen oberoende av varandra. För det andra nämner Tacitus avrättningen under Pontius Pilatus.

För det tredje var korsfästelsen dålig reklam för de kristna på alla tänkbara sätt. Ändå kunde de kristna inte undvika korsfästelsen när det gällde att tala om Jesus, helt enkelt för att det var ett faktum. När jag resonerar på det här viset så är det ett exempel på vad historiker kallar ”genanskriteriet”: ju mer obekväm eller genant en del av informationen i evangelierna var för deras kristna författare, desto större är sannolikheten för att det inte är en senare kristen uppfinning, utan faktiskt går tillbaka till den historiske Jesus.

Och korsfästelsen var ett obekvämt trauma i de kristnas kollektiva minne, som de försökte bearbeta genom att till exempel insistera på Jesus oskuld och processens karaktär av justitiemord. De hävdade också att hela eländet i slutändan ägde rum som en del av Guds plan för att rädda mänskligheten. Och till råga på allt firade de sin upplevelse av Jesus uppståndelse från de döda.

På så sätt var korsfästelsen inte alls ett nederlag, utan en *happy ending*. Det är också därför vi än idag kan använda korset som en positiv symbol. Men på den tiden måste det ha varit ett upprörande påstående. Skulle Jesus – en korsfäst jude och en påstådd farlig förbrytare – vara Guds son? Det är som att försöka kalla Usama bin Ladin för hjälte.

Med en påstådd förbrytare som förebild kom den kristna rörelsen lätt att likna en kriminell mobb i romarnas ögon, som slavrebellen Spartacus och hans tusentals anhängare. Ungefär hundra år före Jesus avrättning hade romarna korsfäst dem i långa rader längs Via Appia, en av

Roms utfartsvägar. Och för många judar var korsfästelsen ett bevis på att Jesus var en misslyckad messias. Messias, befriarkungen, skulle ju segra över romarna, inte avrättas av dem. De kristna hade alltså gott om skäl att dölja Jesus död på Golgatakullen utanför Jerusalem. Men händelsen var allmänt känd, så de kunde inte sopa den under mattan.

Varför ville romarna bli av med Jesus? Det är en kriminalhistoria med årtusendegamla ledtrådar. Evangelierna efterlämnar indicier som pekar i olika riktningar, vissa mer realistiska än andra. Det är ett omvänt detektivarbete. Vi känner den dödsdömde mannen, Jesus. Vi känner domaren, Pilatus. Och vi känner till domen, korsfästelsen.

Men vad var brottet? *What did Jesus do?* Vi vet att romarna inte korsfäste till höger och vänster. Det var inte bara utifrån de tillgängliga medlens princip som de förklarade en anklagad för *crossfit*. Pilatus måste ha betraktat Jesus som ett störningsmoment för den allmänna ordningen, kanske till och med som ett politiskt hot. Men för att komma fram till ett möjligt svar måste vi först titta på vem Jesus var och vad han stod för. Då kan vi lättare förstå varför romarna ville hänga upp honom för att ruttna i solen. Och varför hans anhängare inte kunde glömma honom.

2.

Juden Yeshua

Kampen om Jesus hårfärg

År 1939 inrättade nazisterna ett vetenskapligt institut vars forskare skulle dokumentera och utplåna allt judiskt inflytande på den tyska kristendomen. De ville ha en bibel utan Gamla testamentet, judarnas heliga bok och den första delen av den kristna bibeln. Och sedan försökte de bevisa att Jesus inte var jude, utan arier – ett projekt som även den svenske bibelforskaren Hugo Odeberg var inblandad i. Detta baserades bland annat på ett gammalt rykte om att en lång, blond främling i form av en romersk soldat vid namn Pantera var far till Jesus. Han skulle ha tillbringat en herdestund med jungfru Maria.

Nazisterna påpekade också att Jesus inte kom från det judiska Jerusalem i södra Palestina, utan från den etniskt blandade regionen Galileen i norra Palestina. Men det gör inte Jesus till skandinav. Nazisternas teori om Jesus etniska tillhörighet var, historiskt sett, ganska blåögd – men ändå inte särskilt ovanlig. Den var kulmen på århundraden av en gradvis förträngning av Jesus judiska identitet bland både kristna och judar. De kristna ville ha honom för sig själva och judarna ville inte kännas vid honom. Inom konsten bleknade Jesus alltmer bort från sydländskt utseende till en ljus och vit gestalt, som i den norske konstnären Henrik Sørensens altarmålningar från 1930-talet i domkyrkorna i Linköping och Hamar.

Men den historiske Jesus var jude och inte kristen. Kristna har annars uppfattat Jesus som kristendomens grundare. Och på sätt och vis är det sant, såtillvida att den rörelse som Jesus startade senare utvecklades till en självständig religion, kristendomen. Men Jesus själv – eller Yeshua, som han kallades på arameiska – var en jude bland judar. Paulus beskriver honom som ”född under Moses lag”.

Även om några judiska forskare var tidiga med att återupptäcka juden Jesus, så var det inte förrän efter andra världskriget som bibelforskare på allvar började få upp ögonen för Jesus judiska identitet. Som jude måste Jesus, liksom de flesta andra judar, ha menat att judarnas Gud, Jahveh, var den enda gud de borde dyrka. Gud hade utvalt judarna som sin egendom bland folken och gett dem Skriften – de texter som kristna kom att kalla

Gamla testamentet – som en vägledning till att nå det goda livet. Viktigast av allt var Moses lag eller toran, som Moses enligt berättelsen hade mottagit på berget Sinai. Det var den gången då Gud befriade judarna från slaveriet under farao i Egypten och havet öppnade sig så att de kunde gå torrskodda i land och vidare genom öknen mot det utlovade landet – en befrielse som vissa judar förväntade sig snart skulle ske igen, kanske till och med under ledning av en kommande messias.

Toran innehöll Guds vilja i form av de tio budorden och andra levnadsregler, såsom att judarna skulle omskära sina nyfödda pojkar, hålla vilodag eller sabbat på lördagar, avstå från fläskkött, älska sina medmänniskor och så vidare. Kort sagt, en judisk kombination av *Sveriges Rikes Lag* och *Vett och etikett*. Det fanns totalt sexhundratretton budord – lika många som antalet kärnor i ett granatäpple, enligt en senare judisk tradition. Den judiska identiteten bestod i att leva efter dessa regler, helt eller delvis, snarare än att tro på rätt sätt.

Judar hade hetsiga debatter om hur de skulle leva i enlighet med toran. Enligt evangelierna i Nya testamentet var det i dessa interna judiska konflikter som Jesus var särskilt involverad. Du får inte arbeta på sabbaten, säger toran, men hur strikt ska dessa vilodagsbestämmelser tolkas? Vad kan definieras som arbete? Och kan man bryta mot sabbaten om det är för att hjälpa sin medmänniska?

Enligt Markusevangeliet ansåg Jesus att sabbaten är till för människorna, inte tvärtom. Men betyder det att Jesus gjorde sig av med judendomen? Nej, han tyckte att det var viktigt att diskutera innebörden av sabbaten. Han var en judisk verbal *streetfighter*.

Du stjärna över... Nasaret

På julen firar vi Jesusbarnets födelse i Betlehem med stallet, krubban, änglarnas sång om fred på jorden, herdarna på fälten och stjärnan som visade vägen för de vise männen från Österland. Jag älskar den berättelsen. Men den historiske Jesus föddes knappast i Betlehem.

Lukasevangeliet och Matteusevangeliet berättar detta för oss, men Paulus nämner ingen födelseort alls, och i Markusevangeliet, det äldsta evangeliet, kallas huvudpersonen helt enkelt Jesus från Nasaret – inte Betlehem. Så vad är egentligen korrekt? Kom Jesus från Nasaret i norra Palestina eller från Betlehem i söder, nära Jerusalem?

Även här kan vi kanske använda oss av genanskriteriet. Lukas och Matteus verkar ha funnit det ganska obekvämt att Jesus kom från Nasaret, ett teologiskt *nowhere*, inte värdigt en messias. Som lärjungen Natanael skeptiskt säger i Johannesevangeliet: ”Kan något gott komma från Nasaret?” Betlehem, å andra sidan, var laddat med betydelse från den judiska historien. Enligt den hebreiska bibeln (Gamla testamentet) var Betlehem Messias stad. Här föddes den legendariske judiske kungen David, som dödade jätten Goliat och inledde en judisk guldålder med ett självständigt kungarike. Och den nya Messias skulle vara släkt med David och komma från Betlehem. Det såg verkligen inte bra ut om Jesus bara var en uppkomling från utkanten.

Lukas och Matteus ville därför att Jesus från Nasaret skulle förknippas med Davids familj och stad. Den mest kända av de två berättelserna är Lukas, som också är den som läses i kyrkan på julafton. Lukas berättar att Maria och Josef verkligen bodde i Nasaret. Men på grund av kejsar Augustus folkräkning, där alla män var tvungna att registrera sig i den stad där deras familj hade sitt ursprung, var Josef och den gravida Maria tvungna att åka till Betlehem. Josef var nämligen av Davids hus och ätt. Och ”medan de befann sig där var tiden inne för henne att föda”. Efter förlossningen reste den lilla familjen tillbaka till Nasaret, där Jesus växte upp.

Så långt Lukas. Matteus å sin sida berättar ingenting om Marias och Josefs resa till Betlehem, eftersom paret enligt honom faktiskt bodde i Betlehem från början. Här födde Maria sin son, men efter födseln var familjen tvungen att fly till Egypten. Detta är vad vissa idag skulle kalla ”närområden”. Romarnas lokala franchise-kung, Herodes den store, hade hört ryktet om det nya messiasbarnet och sökte efter barnet för att döda det. När den lilla familjen till slut fick höra att den svartsjuke kungen var död reste de hem, men den här gången bosatte de sig märk väl i Nasaret. På så vis lyckas Lukas och Matteus på var sitt sätt sammanlänka Jesus med Betlehem utan att förneka kopplingen till Nasaret. Spinndoktorer fanns också under antiken.

Född före sig själv?

När föddes Jesus? Återigen beror det på vem vi frågar. För återigen har Lukas och Matteus var sin berättelse. Vi tänker sällan på skillnaden eftersom den kristna kulturens många återberättelser har harmoniserat de två versionerna till en. Det skulle också se fånigt ut i ett julkrubbespel om herdarna på fältet bar en skylt med texten ”Vi kommer från Lukasevangeliet” medan de vise männen gick omkring med texten ”Vi kommer från Matteusevangeliet”.

Det fanns knappast några vise män från öst närvarande vid Jesus födelse. Julevangelierna i Lukas och Matteus evangelier är exempel på judisk *haggadah*. Inom judendomen var det vanligt att skriva nya, uppbyggliga legender baserade på berättelserna i Gamla testamentet. Skriften var helig, men inte oantastlig. Det var som om författarna tänkte: ”Bibelns berättelser är fantastiska. Låt oss göra några fler av dem”.

Legenderna om Jesus födelse är fulla av gammaltestamentlig återanvändning: den gudagivna graviditeten, de främmande gästerna hos Israels nya kung, messiasstjärnan, mordförsöket iscensatt av den regerande kungen och hemresan från Egypten. Jag utesluter inte att det kan finnas historiska inslag i födelseberättelserna – till exempel heter föräldrarna Josef och Maria i båda versionerna – men berättelserna är först och främst *haggadah*. De försöker besvara följande fråga: Om Jesus verkligen är den nye Messias, hur borde hans födelse då ha sett ut?

Och dateringen av Jesus födelse? Ja, det var ju där jag började. Lukas och Matteus är oense, men eftersom Lukas motsäger sig själv lutar de flesta bibelforskare åt Matteus. Han daterar födelsen till strax före Herodes den stores död år 4 fvt. Hur konstigt det än kan låta så föddes Jesus förmodligen senast fyra år före sin egen födelse. Med andra ord är vår tideräkning jetlaggad och borde egentligen justeras med några år.

I periferin av Palestina

Jesus var från Nasaret. Det kan tyckas lite tunt om det är det enda vi med rimlig säkerhet kan säga om hans uppväxt. Men det finns faktiskt en hel del information gömd i den upplysningen. I det stora romerska riket var Rom centrum och Palestina periferi. I själva Palestina gällde en liknande struktur: Jerusalem i söder var centrum, medan landskapet Galileen i norr var periferin.

Om vi håller ett förstoringsglas över Galileen – precis som i seriealbumen om Asterix, där den avlägsna galliska byn dyker upp under glaset – ser vi byn Nasaret. Arkeologiska utgrävningar visar att det var en plats utan överklass. Befolkningen bestod troligen av småbönder och daglönare som arbetade för de stora godsen i området. Det var en osäker tillvaro, som vi också finner beskriven i Jesus liknelser.

Till exempel den om daglönarna som var tvungna att ställa upp sig på torget före tuppen för att erbjuda sin arbetskraft och hoppas på det bästa. Vissa anställdes direkt på morgonen, medan andra bara kallades in vid solnedgången om markägaren behövde dem. Men vid kvällens löneutbetalning bestämmer sig markägaren för att betala alla daglönare samma summa. Detta föll förmodligen inte i god jord hos daglönarnas fackförening. Kanske berättade den historiske Jesus ursprungligen liknelsen för att avslöja de godtyckliga godsherrarna, men i Matteusevangeliet, där vi hittar berättelsen, är den tydligt avsedd att illustrera Guds orimliga godhet.

Markusevangeliet beskriver inte Jesus som en daglönare, utan som en snickare, eller snarare en hantverkare eller byggmästare, som det grekiska ordet *tektōn* mer allmänt betyder. Han kan ha haft enstaka jobb inne i provinshuvudstäderna Sepforis och Tiberias, som var under uppbyggnad några kilometer från Nasaret. Idag går *The Jesus Trail* mellan dessa städer, där turister och pilgrimer kan ta sina apostlahästar och följa i Jesus fotspår genom gröna olivlundar.

Vi vet också att Galileen, liksom resten av Palestina, var ett tillhåll för spridda antiromerska upplopp. År 6 evt – det vill säga när Jesus var barn – organiserade romarna en omfattande registrering av egendomar i Palestina, förmodligen för att kunna effektivisera skatteindrivningen.

En viss Judas från Galileen samlade människor från regionen runt Sepforis, inklusive Nasaret, för att göra uppror mot detta nya slaveri. Upproret var både socialt och religiöst motiverat. Endast Gud var judarnas herre. Att betala skatt till romarna kunde uppfattas som att dyrka andra gudar. Enligt Josefus grundade Judas från Galileen med detta en militant nationalistisk gren av judendomen i Galileen. De kom senare att kallas ”seloter”, fanatiker.

Vissa bibelforskare anser att eftersom Jesus var galilé så måste han också ha varit selot – väl dold bakom de kristna evangelieförfattarnas rökridåer. Kanske var det motståndet mot romarna som gjorde att han avrättades? Andra finner arkeologiska tecken på ett ekonomiskt uppsving i Galileen, med social stabilitet som följd. För tillfället kan vi åtminstone vara säkra: Jesus var från Nasaret i Galileen och han var inget kändisbarn utan kom från ingenstans. Den historiske Jesus föddes inte under en lycklig stjärna.

Gå i lära som profet

Nu tar vi ett språng några årtionden framåt. Nästa fönster mot den historiske Jesus öppnas när han börjar sin offentliga verksamhet. Enligt Lukasevangeliet skedde detta omkring år 29 evt, när Jesus träffade Johannes Döparen vid Jordanfloden i öknen norr om Döda havet.

Evangelierna beskriver Döparen som moralpredikant och domedagsprofet med en krets av anhängare omkring sig. Vi känner också till honom från Josefus, som berättar för sina romerska läsare att Döparen ville uppmana judarna till ett mer etiskt levnadssätt enligt toran. En moralfilosofiskt inställd romare kunde se det rimliga i detta. Som en symbol för omvändelsen doppade Johannes människor i Jordanfloden – därav hans tillnamn, ”Döparen”.

Enligt Josefus var Johannes Döparen så populär att romarnas lokala hantlangarfurste i Galileen, en av Herodes den stores söner, Herodes Antipas, började frukta upplopp. Han kedjade därför fast Döparen i Makerus fästning i nuvarande Jordanien och lät avrätta honom. Även evangelierna anklagar Antipas för Döparens död, men lägger till sexiga detaljer: Under en fest för Galileens överklass blev Antipas så förtjust i sin styvdotters förföriska dans att han lovade henne vad som helst. Flickans mor, som hade ett horn i sidan till Johannes Döparen, insåg möjligheten och föreslog en önskan för sin dotter: Döparens huvud på ett fat.

Vad var relationen mellan Johannes Döparen och Jesus? Enligt evangelierna genomgick Jesus vattenritualen hos Johannes Döparen vid Jordanfloden. Här kan vi använda genanskriteriet igen. För det är uppenbarligen inte särskilt bekvämt för evangelieförfattarna att berätta den här historien. Man skulle kunna tro att Jesus var någon slags lärjunge till Döparen, eller till och med underordnad honom. Därför slår evangelieförfattarna knut på sig själva när de försöker förklara hur detta kunde hända.

Evangelieförfattarna drar slutsatsen att Döparen inte hade några självständiga ambitioner, utan såg sig själv som en föregångare till Jesus. Han skulle helt enkelt bara visa judarna att Jesus var den nya Messias. Det är därför kristen konst vanligtvis avbildar Döparen med ett pekfinger som pekar mot Jesus. Som om han säger: Titta inte på mig, titta på honom som jag pekar på. Men om Döparen bara var en föregångare, varför fortsatte då döparrörelsen att existera efter Döparens död, vilket vi kan läsa om i Apostlagärningarna i Nya testamentet?

Kanske betraktade Döparen faktiskt sig själv som en messiasgestalt. Evangelierna tar naturligtvis avstånd från detta rykte, men kanske är det därför som han historiskt sett väckte Antipas antipati. I vilket fall som helst kan döparrörelsens fortsatta existens tyda på att den konkurrerade med Jesusrörelsen, kanske redan på Jesus egen tid.

Jag anser att det är historiskt sannolikt att Jesus var en av Johannes Döparens anhängare, och att han vid någon tidpunkt startade sin egen rörelse med sina egna lärjungar. Kanske tog Jesus med sig några av Johannes Döparens lärjungar. Som en anställd som startar sitt eget företag och tar med sig sina närmaste kollegor. I vilket fall som helst är evangelieförfattarna inte glada över att erkänna

Jesus koppling till Johannes Döparen. Men det kan mycket väl ha varit från Döparens mun som Jesus först hörde talas om gudsriket.

3.

”Gudsriket är nära!”

Satan på reträtt

Vi har nu kommit till en plats där spåret efter den historiske Jesus blir svårt att följa. Vad stod han för? Vad var hans mission? Evangelierna tvekar inte med svaret: Han var Guds Son som skulle rädda världen. Men om juden Yeshua själv inte förstod det alldeles på det viset, vad är då svaret?

Bibelforskare har sökt efter svaret i över tvåhundrafemtio år, och förslagen är många: en domedagsprofet, en politisk revolutionär, en hippiefilosof, en amatörrabbin eller en kringvandrande helare. Eller kanske lite av varje.

Jag kallade mig själv tidigare i boken för en måttlig pessimist när det gäller studiet av den historiske Jesus. Så kanske borde jag kasta in handduken och avbryta den fortsatta jakten på Jesus. Men jag sa ju *måttlig* pessimist. Jag menar att vi mycket väl kan teckna några råskisser av den historiske Jesus om vi fokuserar på den information som evangelierna enhälligt och oberoende av varandra förmedlar om Jesus och, omvänt, är misstänksamma när Jesus låter som en kristen och inte som en jude från Palestina. Spåret är två tusen år gammalt och långt ifrån färskt.

Först och främst liknar Jesus de samtida folkliga profeter och messias-wannabes som i synnerhet Josefus berättar för oss om. Vi har redan träffat några av dem – Judas från Galileen och Johannes Döparen – men de var många. De hade alla en föreställning om en kommande katastrof i form av krig eller den nuvarande världsordningens slut och ett efterföljande lyckligt rike för Guds utvalda folk.

Men dessa profeter såg inte alltid gudsriket på samma sätt. Vissa såg det som en befrielse från romarna – ett nytt Davidsrike – medan andra opererade med ett paradis i större skala, där Satans onda makt var bruten och allt lidande var borta. Gudsriket var också navet i Jesus mission, oavsett hur han uppfattade detta rike. Det här kan man se rakt genom alla evangelierna. I Markusevangeliet tematiserar Jesus gudsriket i sitt inledande uttalande: ”Tiden är inne, Guds rike har kommit nära; omvänd er och tro på de goda nyheterna”. Och i Matteus och Lukas ber Jesus Fader Vår och säger: ”Låt ditt rike komma”. Även i det senare Johannesevangeliet nämns gudsriket.

Exorcisten

Gudsriket hade kommit nära, sa Jesus. Det var precis runt hörnet. Kanske var det så nära att man redan nu kunde börja skymta de första påtagliga tecknen. Alla fyra evangelierna berättar om helanden som kännetecknar Jesus verksamhet: om den lame vars vänner lyfter ner honom till Jesus genom ett hål i taket, varefter mannen kan springa hem med båren under armen; kvinnan med blödningar som lyckas röra vid en flik av Jesus mantel och omedelbart blir helad när hans kraft överförs till henne; och officeren vars tjänare ligger döende hemma, men som genom Jesus ingripande blir helad redan innan officeren kommer hem.

Det finns knappast någon anledning att sopa alltihop av banan som senare tiders kristna sagor och äventyr. Än idag botas människor av alternativa terapeuter utan att vi helt kan förklara hur det går till. Vi talar om placeboeffekter och psykosomatiska sjukdomar. Josefus berättar att andra judiska profeter också utförde den här typen av mirakel, men Jesus måste ha haft en ganska speciell x-faktor på området.

Evangelieförfattarna uppfattar många av Jesus helanden som utdrivande av demoner, Satans soldater. Så när Jesus uppträder som exorcist gör han det som Guds frontkämpe, i färd med att besegra Satans makt i världen. På så sätt är gudsriket redan nära. Satan håller på att förlora slaget. Det är dagen D.

Enligt Markusevangeliet blir Jesus en mycket populär undergörare i Galileen. Här blir det verkligen meningsfullt att tala om *Jesus Christ Superstar*. Historiskt sett finns det ingen anledning att tvivla på att Jesus hade sin storhetstid i Galileen, och att romarna fick korn på honom först när han kom till huvudstaden Jerusalem.

Var Jesus en hund?

Jesus samlade en inre krets av lärjungar kring sig. Evangelierna berättar om tolv män – ett antal som skulle symbolisera det judiska folkets tolv stammar. Kanske var det de som skulle styra det nya gudsriket.

Den inre kretsen var vandrarkarismatiker, som det heter på fackspråk. De levde ett vagabondliv, men hade bofasta sympatisörer som stödde dem med kost och logi. Fågeln har sitt rede och räven sitt gryt, men Människosonen har inget hem, säger Jesus om sig själv i Matteus- och Lukasevangelierna. Den inre kretsen var tvungen att ge upp en borgerlig tillvaro för att vara med när gudsriket skulle förverkligas. Ingenting om att se sig tillbaka efter familjen och dess förpliktelser: ”Låt de döda begrava sina döda” och ”Människan skall inte leva bara av bröd”. Den inre kretsen skulle leva ut gudsrikets alternativa verklighet redan nu. De skulle redan nu leva bekymmersfritt som fåglarna i skyn och liljorna på marken. En hippie skulle kalla det *flower power*.

En gren av bibelforskare menar att Jesus här framträder som en judisk kyniker. Under antiken kallades anhängarna av en viss grekisk filosofisk rörelse för kyniker. Ordet (liksom cynism) kommer egentligen från ett grekiskt ord för ”hund”. Det är förmodligen ett namn som dessa filosofer fick för att de strövade omkring på gatorna.

Precis som Jesus ville de omsätta sin kulturkritik i praktiken på gatunivå. Kynikern Diogenes bodde till exempel i en tunna, och en dag ska självaste Alexander den store ha gått förbi och frågat Diogenes om han kunde göra något för den stackars mannen. ”Ja tack”, svarade Diogenes, ”flytta på dig lite, du skuggar solen”. För kynikerna var position, status och rikedom lika med noll.

Evangelierna innehåller liknande anekdoter och *oneliners* med Jesus i centrum: ”Det är lättare för en kamel att komma igenom ett nålsöga än för en rik att komma in i Guds rike”. Även Jesus gör upp med konventioner och etablerade samhällsnormer, men evangelierna beskriver honom inte som en asket. Tvärtom kallar hans motståndare honom för en frossare och drinkare som tar ut gudsrikets glädje i förskott. Hans sexliv har dock evangelieförfattarna lämnat åt fantasin – eller åt Dan Browns *Da Vinci-koden*.

Oauktoriserad rabbin

Nu bygger teorin om Jesus som kyniker på tesen att Jesus rörde sig i en grekisk-romersk kulturmiljö. Och detta är bara sant i en indirekt mening. I all blygsamhet tror jag att jag talar bättre gammalgrekiska än vad Jesus gjorde. Men det tror jag knappast att vi någonsin kommer att få veta säkert.

Det är i fattiga judiska byar och på landsbygden som han rör sig, inte bland de högre skikten där den grekisk-romerska kulturen hade blivit på modet. Evangelierna berättar för oss att han framför allt höll till i området kring Gennesarets sjö i Galileen, där byn Kafarnaum var hans bas. I den miljön är jämförelsen med judiska rabbiner mycket mer närliggande än med grekiska filosofer. Det är trots allt vad lärjungarna kallar honom i evangelierna: *rabbi*.

Rabbinerna var skriftlärda, det vill säga experter på att tolka judarnas heliga skrift, som motsvarar det som kristna idag kallar Gamla testamentet. De var både teologer och jurister. Jesus var knappast en utbildad rabbin, utan en självutnämnd amatör. I Bergspredikan ger han sin undervisning i rollen som rabbin med ett annars ohört och provocerande självförtroende: "Ni har hört att det blev sagt: 'Du skall älska din nästa och hata din fiende'. Men jag säger er: älska era fiender och be för dem som förföljer er."

Jesus skärper här torans bud om barmhärtighet, som ursprungligen hade en tvetydig innebörd, för vem är min nästa? Är det vem som helst eller bara min landsman? Enligt Jesus var gudsriket nära, så Guds vilja skulle gälla i sin renaste form. När tiden är knapp finns det inte längre någon anledning att snåla in på kärleken till nästan; den måste utvidgas till en radikal fiendekärlek.

Men Jesus var inte sträng på alla områden. När det gällde vissa av torans regler för rituell renhet, sabbatsregler och umgänge med sjuka, kunde han uppfattas som slapp. Evangelierna berättar att han botade sjuka på sabbaten, vilket gjorde fariseerna upprörda. Fariseerna var en folklig judisk fromhetsrörelse. Evangeliernas skildring av dem är en karikatyr, och det är därför ordet farisé har kommit in i språket som en term för en person med dubbelmoral. Men historiskt sett var fariseerna måna om att göra det man säger och ha hjärtat med sig – precis som Jesus var.

Medan fariseerna, som mer etablerade auktoriteter, försvarade de befintliga samhällsnormerna, hävdade Jesus å andra sidan att närvaron av gudsriket åsidosatte dem. Jesus representerade här en form av judendom som inspirerats av Gamla testamentets profeter: etik är viktigare än ritualer. Fariseerna, å andra sidan, menade att de två formerna av handling inte kan separeras, utan förstärker varandra. Kanske var det Jesus stränghet på nästankärlekens område som ledde till hans *laissez-faire*-attityd till ritualer.

Att recitera toran på ett ben

Toran eller Moses lag består av totalt sexhundratretton regler – både etiska och rituella. Hur skulle judarna kunna minnas dem alla? För de skriftlärda på Jesus tid var det en särskild disciplin att diskutera om allt kunde kokas ned till ett enda viktigt budord, en slags kardinalregel. En judisk legend berättar att en icke-judisk man kom till rabbi Shammai och frågade om han kunde lära honom alla budorden medan mannen stod på ett ben. Då skulle han konvertera till judendomen.

Mannen blev avvisad och fick en hård stöt av Shammais käpp. Naturligtvis kan människor inte rangordna Guds bud, verkade Shammai tänka. Mannen vände sig nu till rabbi Hillel, som upptog mannen i judendomen med orden: ”Det du själv finner förkastligt, det skall du inte göra mot din nästa. Det är hela toran, resten är tolkning”.

De två rabbinerna var samtida med Jesus, och även om legenden bara finns i skriftlig form några århundraden senare, beskriver den mycket väl den interna tolkningskonflikten inom judendomen, även på Jesus tid. Jesus stod uppenbarligen på rabbi Hillels sida, eftersom Jesus också pekade på den *gyllene regeln* som centrum i toran: ”Allt vad ni vill att människorna skall göra för er, det skall ni också göra för dem. Det är vad lagen och profeterna säger”. Och när en laglärare frågade Jesus om det största budet i toran, formulerade han det så kallade dubbla kärleksbudet, det vill säga kärleken till Gud och kärleken till nästan. Paulus tog senare upp stafettpinnen: ”Kärleken är alltså lagen i dess fullhet”.

Fantastiska berättelser

Rabbinerna gillade att hitta på små illustrativa berättelser i sin undervisning. Det är dessa vi kallar liknelser. Jesus måste ha varit en mästare på denna form av undervisning, annars skulle inte evangelierna vara fulla av så många exempel. Upp till femtio stycken blir det.

Några av liknelserna hör till Bibelns *greatest hits*, till exempel Lukas liknelse om den förlorade sonen som ber sin far om ett förskott på sitt arv så att han kan ge sig ut och pröva lyckan i stora världen. Men under resan tar pengarna snabbt slut och när vi möter sonen ligger han bortglömd och dödshungrig i en främmande mans svinstia. Till slut sväljer han skammen och återvänder hem till sin far med mössan i hand och fromma löften om bot och bättring – som fadern helt ignorerar av ren upprymdhet över sonens återkomst.

Det är också Lukas som berättar liknelsen om den barmhärtige samariern – en berättelse som gett upphov till begreppet ”samarit” för en människa som hjälper folk i nöd utan kompensation. På den öde vägen mellan Jerusalem och Jeriko misshandlar rövare en slumpmässigt utvald man. En präst och en tempeltjänare går förbi det döende våldsoffret, men går i en vid båge runt honom och vidare. En handelsresande från Samarien – judar såg ner på halvjudarna från Samarien – förbarmar sig över honom och räddar honom, spontant och utan någon baktanke. Man skulle annars inte ha förväntat sig ett sådant beteende från vare sig tempelprästerna eller en samarier.

Nu har liknelserna förstås säkert återberättats ett antal gånger innan de nådde evangelieförfattarnas öron. Kanske är det som i viskleken, där en fras viskas till nästa person i cirkeln tills den förändras till oigenkännlighet. Eller som i *Life of Brian*, där ”*blessed are the peacemakers*” till slut blir ”*blessed are the cheesemakers*”. Så i vilken ordalydelse Jesus berättade liknelserna kan vi inte veta. Kanske var de i själva verket timslånga berättelser runt kvällsbrasan, av vilka bara skelettet återstår. Kanske var det ultrakorta jämförelser som evangelieförfattarna har utvecklat eller förvrängt.

Jesus använde sina liknelser för att illustrera vad gudsriket är. Det finns något absurt och kontraintuitivt över många av dem. Om bonden som sådde sina dyrbara sädeskorn utan att tänka det minsta på om den landade i marken eller på den torra vägen. Om herden som var så upptagen av att hitta det enda förlorade fåret att han helt glömde bort att vakta de övriga nittionio. Och om kvinnan som tappade bort ett litet mynt och blev så glad när hon hittade det att hon bjöd in alla grannarna till en dyrbar fest. Gudsriket är en uppochnedvänd värld, en ny ekonomi där *cost-benefit*-analyser inte längre är meningsfulla.

Liknelserna var verktyg i en öppen undervisningsmetod, eftersom det är upp till lyssnaren att skapa slutet. Liknelsen om den förlorade sonen innehåller också en sidoberättelse om den pliktrogna äldre brodern som inte kunde acceptera sin fars brist på konsekvens gentemot den bortskämda yngre brodern. Men vi får aldrig veta om den äldre brodern till slut bestämmer sig för att delta i välkomstfesten. Eller om den yngre brodern utnyttjar faderns kärlek och sticker iväg igen med besparingarna. Det är upp till lyssnaren att avsluta berättelsen. I liknelser finns det ofta ingen tydlig sensmoral. De är inte ekvationer som vi kan lösa.

Men det var knappast de goda historierna som fick Jesus korsfäst. Snarare var det hans uppträdande som provocerande religiös frilansare.

4.

Brottet

Martyr

Kort efter massakern på Utøya i Norge år 2011 skrev en av de unga överlevande ett öppet brev till massmördaren på Facebook: ”Du har gjort dina offer till martyrer, till odödliga”. Brevskrivaren såg sina mördade vänner som martyrer för ett demokratiskt och fritt samhälle. Ungdomarnas död var meningslös och tragisk för deras familjer. Men martyrens död är den ultimata meningsfulla döden. Den når långt bortom tid och rum.

Om Jesus vet vi att han avrättades av romarna. Men vad var det för brott som fick honom avrättad? Vad kunde göra Jesus till ett så stort problem att romarna ville bli av med honom?

Enligt de fyra evangelierna i Bibeln är dessa händelser i slutändan ett led i Jesus och Guds egen plan. Jesus ska ge sitt liv ”som lösen för många”, som det heter hos Markus och Matteus. Jesus ska dö för att befria människor från Satan, som håller dem fångna i själviskhet och död. Han ska visa hur självuppoffring banar väg för det goda livet och det eviga livet. Han ska, som Guds Son, ge Satan en betalning så att han släpper sitt grepp om människorna.

Men alla dessa förklaringar är *insider*-tolkningar av Jesus död, antingen inspirerade av Jesus egen längtan efter en betydelsefull martyrdöd eller uttryck för senare kristna tolkningar. Som den överlevande från Utøya som gjorde sina vänner till martyrer. Romarna kan däremot knappast ha uppfattat ett andligt budskap om evigt liv som ett politiskt hot. I deras ögon måste brottet ha varit något helt annat.

Jesus avrättning var ett romerskt beslut. Evangelierna går mycket långt för att understryka att Pilatus alls inte kan se vad Jesus skulle ha gjort för fel. Enligt evangelierna är Pilatus bara en nickedocka som till slut går med på att döma Jesus efter påtryckningar från de judiska tempelprästerna. Ni får rätt och jag får lugn och ro. Och sedan tvättar han sina händer.

Men i verkligheten var Pilatus nog mer brutal. Josefus berättar att Pilatus konfiskerade pengar från tempelkassan för att bygga en akvedukt. Judarna protesterade, men Pilatus skickade ut civilklädda soldater i folkmassan. På hans signal skulle de dra sina klubbor och börja slå. Många dödades och trampades ihjäl när panik utbröt. Pilatus var uppenbarligen en man som kunde slå ned på människor som störde den romerska freden.

Seloten Jesus?

Pilatus måste ha uppfattat Jesus som en politisk orosstiftare. Vi kan knappast dra någon annan slutsats med tanke på avrättningsmetoden – oavsett om domen var berättigad eller inte. Enligt evangelierna spikar Pilatus upp en överskrift på korset: ”Jesus från Nasaret, judarnas kung”. Om detta verkligen var fallet så avslöjar överskriften vad Pilatus ansåg vara Jesus brott: att han ville göra sig själv till kung och ta makten över Palestina från romarna. Det var också på den spiken som marxisterna på 1970-talet hängde upp sin bild av den historiske Jesus som en urkommunistisk militant ledare för ett proletäruppror: kamrat Jesus, som de kallade honom.

Faktum är att det också finns ett antal element i evangelierna som med lite röd vilja kan tolkas på detta sätt. Till exempel hade Jesus en lärjunge vid namn Simon, som kallades Simon seloten. Och när Jesus ledde sina anhängare till Jerusalem för den judiska påsken omkring år 30–36 evt, så kulminerade Jesus sista kväll i en våldsam episod.

Tillsammans med lärjungarna hade Jesus ätit den rituella påskmåltiden, varefter de hade gått utanför stadsmuren till Getsemane trädgård. I mörkret dök Judas, en av lärjungarna, upp tillsammans med tempelvakterna. Och i facklornas sken gav han dem det överenskomna tecknet för att gripa Jesus: en judaskyss. Enligt Matteusevangeliet fick Judas trettio silvermynt för tjänsten. Han ångrade sig senare och hängde sig.

Nu vet vi inte hur mycket av berättelsen om Jesus sista kväll som är historiskt tillförlitlig, men för några forskare bekräftar den tesen att han var en selot. Till berättelsen hör nämligen att lärjungarna var beväpnade. En av dem drog sitt svärd och högg av örat på översteprästens sändebud. Betyder detta att Jesus hade rest till Jerusalem med en liten slavarmé för att kasta ut romarna och upprätta gudsriket med makt?

Vi vet att en icke namngiven judisk profet med rötter i Egypten 20 år senare uppträdde med just detta som sin uttryckliga målsättning. Han samlade tusentals anhängare på Olivberget ovanför staden, varifrån han skulle besegra den romerska garnisonen och göra sig själv till judisk envåldshärskare. Men romarna anade oråd och hann före honom. Den egyptiske profeten lyckades själv fly, men de flesta av hans anhängare dödades eller tillfångatogs.

Då hade Jesus mer otur. Men var han en selot, en misslyckad militant upprorsmakare? Det är inte omöjligt, men berättelserna om Jesus sista kväll bekräftar det inte – om de nu över huvud taget kan användas historiskt. När en av Jesus lärjungar kallas för selot är det förmodligen för att den lärjungen är ett undantag. Och när soldaterna bara tar Jesus till fånga, men inte hans anhängare, är det förmodligen för att de inte uppfattar Jesus grupp som ett band rebeller. Jesus är mer lik de profeter som, i likhet med läromästaren Johannes döparen, förväntade sig att gudsriket skulle komma på Guds initiativ, inte människornas.

Jesus och seloterna var mer överens om målet än om medlen. Evangelierna berättar att några skriftlärda kom till Jesus i Jerusalem för att utmana hans klokskap. De gav honom ett romerskt mynt med kejsar Tiberius bild på och frågade honom om man skulle betala skatt till kejsaren – ja eller nej? Jesus kan nästan bara svara fel. Han kommer antingen att låta som en romersk kollaboratör eller som en militant frihetskämpe.

Men Jesus svarar helt fräckt att man ska ge Gud vad som är Guds och kejsaren vad som är kejsarens. Idag ser många kristna detta uttalande som grund för att skilja mellan religion och politik. Men tänk om den ursprungliga tanken är att *allt* tillhör Gud? Då ska man ju inte ge kejsaren någonting alls. Och då låter Jesus onekligen som Judas från Galileen, den förste seloten. Men Jesus själv grep knappast svärdet. Han var gudsrikets katalysator, men metoden var annorlunda.

Profeternas symbolpolitik

Jesus var knappast någon militant selot, men det betyder inte att han var opolitisk. Hans samhällskritiska förkunnelse av gudsriket och hans förmåga att samla anhängare i Galileen som följde med till Jerusalem kan mycket väl ha setts som ett hot mot den allmänna ordningen av både judiska och romerska myndigheter.

Men om vi ska tro evangelierna skedde Jesus politiska aktivitet inte i form av väpnad kamp. Det var snarare tal om en form av symbolhandlingar eller *happenings*. Det var en agitationsform som redan de gammaltestamentliga profeterna hade praktiserat. Till exempel gick profeten Jeremia omkring med ett ok på nacken för att illustrera sin profetia om det förtryck som babylonierna snart skulle utsätta judarna för. På Jesus tid gjorde folkliga profetgestalter det till en sport att uppfinna nya symboliska handlingar och imitera de gamla profeterna.

Till exempel tog profeten Theudas på 40-talet evt sina anhängare till den östra sidan av Jordanfloden för att de tillsammans skulle kunna återuppföra judarnas mytomspunna vandring till det utlovade landet. Theudas föreställde sig att vattnet i floden skulle dela sig – precis som på Moses och hans efterträdare Josuas tid. Men romerska ryttare överraskade dem med ett bakhåll i öknen. De högg av Theudas huvud och tog det till Jerusalem som en avskräckande trofé. Tydligen var romarna väl medvetna om att symbolpolitik kan bli realpolitik.

De fyra evangelierna i Bibeln berättar också om en rad *happenings* som Jesus genomförde. Kanske lärde han sig denna form av kommunikation av Johannes Döparen. När Döparen valde just Jordanfloden som plats för sin symboliska vattenritual, var det förmodligen för att väcka samma minnen från den judiska forntiden som Theudas. Men varken Döparens eller Jesus *happenings* verkar ha varit militant-selotiska gerillaattacker mot romarna. Jesus ville med sina helanden och demonutdrivningar illustrera gudsrikets närhet.

Kanske trodde Jesus, precis som de gammaltestamentliga profeterna och Johannes Döparen, att Gud till sist själv skulle förverkliga gudsriket. Fram till dess borde människor leva som om det redan var här. Kanske gav sig Jesus av till Jerusalem under påsken i hopp om att Gud då faktiskt skulle förverkliga befrielsen.

Tempelaktionen

Varje år under påsken vallfärdade mängder av judiska pilgrimer till Jerusalem för att fira uttåget och befrielsen från slaveriet under farao i Egypten. Detta gav påsken en speciell karaktär. Och därför hade Pilatus ordnat med extrabemanning i staden. De fyra evangelierna beskriver särskilt två *happenings* i Jerusalem. Den första är när Jesus rider in i staden på en åsna medan folk jublar åt honom. Detta kan naturligtvis vara en senare kristen legend. I Gamla testamentet får vi höra att judarnas nye kung ska rida in i Jerusalem ödmjukt på en åsna. Och redan i julevangeliet har vi sett ett exempel på hur texterna i Gamla testamentet fungerade som manus för evangelieförfattarnas skildring av Jesus.

Men intåget i Jerusalem liknar i hög grad en symbolhandling, precis som de som utfördes av andra profetgestalter. En nykrönt romersk kejsare skulle normalt anlända till staden som en prins på en vit häst. Men Jesus framträder som en antikens Dummerjöns, en rännstenskung som illustrerar det nya gudsrikets omvända värderingar: ”Den som vill vara störst bland er skall vara de andras tjänare”.

Den mest avgörande av Jesus *happenings* i Jerusalem ägde rum på tempelplatsen, där templet låg i mitten, som den judiska världen navel. Cirka tjugo fotbollsplaner fyllde platån med pelargångarna som omgav den. Rester av tempelplatsens yttre murar, inklusive den så kallade klagomuren (västra muren), står kvar än idag. Dessutom har arkeologer grävt ut några av de ramper som ledde upp till tempelplatsen, några handelsgator med bodar och den södra pilgrimstrappan upp till templet. Om man vill komma nära inpå den historiske Jesus är detta förmodligen den bästa platsen att befinna sig på.

De fyra evangelierna berättar att Jesus gick in på tempelplatsen, välte omkull köpmännens stånd och jagade bort dem. Nu har jag tidigare förklarat mig vara en måttlig pessimist när det gäller möjligheten att rekonstruera den historiske Jesus exakta liv och lära. Det är därför jag har hållit mig till de stora dragen. Men tempelaktionen är, enligt min mening, evangeliernas bästa ledtråd till vad Jesus brott kan ha varit. Själva kärnan i berättelsen kan mycket väl vara historisk och involvera en profetisk symbolhandling från Jesus sida.

Men vad ville Jesus med sin tempelaktion? Nu måste vi komma ihåg att judarna såg templet som en öppen port till himlen, på samma gång en katedral, marknadsplats, regeringsbyggnad, nationalbank, stadsbibliotek och domstol. Det var här som prästerna, under ledning av översteprästen, utförde de offer som föreskrivs i toran.

På så sätt upprätthöll de det judiska folkets speciella relation till Gud. Platsen lockade hundratusentals turister och judiska pilgrimer från hela Medelhavsområdet och Mellanöstern. Jerusalem har alltid levt på sin upplevelseekonomi. Så kritiker av institutionen välkomnades inte direkt med öppna armar.

Eftersom templet var centrum för judendomen blev det också en brännpunkt för interna och externa konflikter. Under den judiska revolten mot romarna på 60-talet evt fungerade templet till och med som bas för selotiska rebellgrupper, vilket var anledningen till att romarna belägrade staden och brände ner templet till grunden år 70 evt. Det var denna händelse som min mamma alltid refererade till när hon tittade in i mitt tonårsrum: Jerusalems förstörelse.

Det är klart att med en så stark maktkoncentration i templet på Jesus tid fanns det gott om möjligheter till missbruk och korruption. Kritiken kom särskilt från åsidosatta präster och lekfolk som betalade skatt till templet. Gamla testamentets profeter var pionjärer på detta område. De gjorde anspråk på att vara Guds språkrör, och deras samhällskritiska budskap syftade till att tvinga de styrande i templet till social rättvisa. Man får inte glömma änkan och den faderlösa. Eller som profeten Hosea uttryckte det: Barmhärtighet är viktigare än offer. Det är säkert i förlängningen av denna tradition som Jesus gör sin *happening* i templet och kallar platsen för ett rövarnäste. Prästerna tjänar på de fattiga i stället för att tjäna folket.

På 60-talet evt dök en namne till Jesus upp med en liknande kritik av templet. Hans namn var Jesus, Ananias son, och precis som Jesus från Nasaret var han en självutnämnd profet. Josefus berättar att under de judiska pilgrimsfesterna gick Jesus, Ananias son, runt i Jerusalem och predikade att templet skulle förstöras. Detta blev för mycket för prästerna, som förde honom inför den romerske guvernören. Själva hade dessa ”kollaboratörer” nämligen inte rätt att verkställa dödsdomar och var därför tvungna att be romarna att piska och förhöra Jesus, Ananias son, som inte svarade på någonting. Guvernören drog slutsatsen att mannen var galen och släppte honom så småningom.

Rättegången mot Jesus, Ananias son, påminner på ett slående sätt om evangeliernas skildring av Jesus från Nasarets sista dagar: En religiös frilansare kritiserar templet. Prästerna försöker stoppa honom innan budskapet sprids och för honom inför den romerske guvernören. Det var bara det att Jesus från Nasaret inte släpptes fri, kanske för att han inte var en ensamvarg utan hade en grupp anhängare omkring sig.

Evangelierna verkar med andra ord innehålla fragment av ett realistiskt scenario för Jesus brott. Det började som en intern judisk konflikt mellan en profetisk tempelkritiker och det klerikala etablissemanget. Men tempelprästerna lyckades övertyga den romerske guvernören Pilatus om att deras problem snabbt också kunde bli hans. Jesus var inte ett direkt militant hot, utan ett indirekt hot mot romarna. Och som vi såg i fallet med Johannes Döparen och Theudas var romarna inte sena att slå ned på sådana saker.

Med Jesus död genom korsfästelse står vi faktiskt på den kristna rörelsens nollpunkt, eftersom den börjar med att ett rykte sprider sig om att några av Jesus anhängare har sett den döde återuppstånden. Att gudsrikets nederlag var en oväntad seger. De kristna började betrakta Jesus uppståndelse som den största comebacken sedan Lasarus.

5.

Jesus blir kristen

Människofiskare

Föreställningen om den historiske Jesus föddes i en studiekammare hemma hos en gymnasielärare i Hamburg. Det var under upplysningstiden vid mitten av 1700-talet. H. S. Reimarus hette han och var utbildad i teologi, filosofi och orientaliska språk. Han insåg att man historiskt måste skilja mellan Jesus egen undervisning och den undervisning som hans lärjungar formulerade efter hans död.

Rent praktiskt menade han att lärjungarna efter Jesus död inte iddes återvända hem och arbeta som fiskare vid Genesarets sjö igen, utan att det var roligare att fortsätta uppdraget som människofiskare. Reimarus vågade inte själv offentliggöra sina tankar. Förståeligt nog, för när filosofen G. E. Lessing år 1774, efter Reimarus död, började publicera dem som ”fragment av en anonym” blev det ett ramaskri. Inom några år publicerades mer än femtio motskrifter. Men under 1800-talet gjorde teologerna gradvis Reimarus dagordning till sin egen. Idag är det nog fortfarande framför allt akademiska teologer som diskuterar förhållandet mellan den historiske Jesus och de tolkningar som växte fram efter hans död. Men för präster och pastorer med akademisk utbildning är det här välkända tankar och perspektiv.

Trodde då Jesus verkligen att han var Guds son sänd till jorden, såsom kyrkan lär ut? Inte riktigt. Trosbekännelsen i de flesta kristna kyrkor lyder annars: ”Vi tror på Jesus Kristus, hans enfödde Son, vår Herre”. Jesus trodde sannolikt inte att han var en unik gudomlig varelse, men kanske att han var Messias.

Jag har faktiskt svårt att föreställa mig hur idén om Jesus som Messias överhuvudtaget skulle kunna ha uppstått efter korsfästelsen om den inte på något sätt fanns där redan innan. Inget i samband med korsfästelsen kunde ge upphov till den idén, tvärtom. Det verkar däremot mer troligt att någon – den historiske Jesus själv, hans anhängare eller romarna – uppfattade Jesus som en messiaskandidat redan under hans verksamhet. Efter korsfästelsen fanns det alltså två alternativ för Jesus anhängare: antingen måste de överge idén om Jesus som Messias eller också omtolka den. De valde det senare.

Men som jude uppfattade Jesus sig själv knappast som en gudom. För honom var ju de tio budorden i toran grundläggande. Och det första budet förbjöd judarna att ha några andra gudar än Israels Gud. I Markusevangeliet, det äldsta evangeliet, är Jesus därför anmärkningsvärt ovillig att ge sig själv gudomliga namn. Så när Jesus på nästan varannan rad i det sena Johannesevangeliet hävdar att han är Guds son, är det säkert tal om senare kristen fanfiction.

Man kan därför fråga sig om det inte är kyrkan snarare än Judas som har förrått Jesus. Som en bibelforskare har uttryckt det: Jesus predikade gudsriket – i stället kom kyrkan. Och är inte muslimerna egentligen mer trogna Jesus lära än de kristna när Koranen säger att Jesus inte var Guds son, utan bara en profet i raden av profeter som ledde fram till Muhammed?

Nu menar jag inte att en författare har monopol på tolkningen av sitt verk. Inte heller kan Jesus bestämma hur eftervärlden skall se på honom. När kristna kallar Jesus för Guds Son är det för att säga att människans historia och Guds historia sammansmälter i Jesus öde. Om du vill veta hur Gud är, ska du först och främst se på Jesus. En son brukar ju likna sin far.

Och så ska man komma ihåg att det först och främst är på grund av kristendomens tolkning av

Jesus som vi över huvud taget fortfarande har något minne av den historiske Jesus. Utan Guds Son skulle det inte finnas någon historisk Jesus att studera. Omvänt är Jesus en ständig sten i skon för kyrkan och kristendomen som egenmäktig institution och ideologi. Jesus är också en inneboende påminnelse om kristendomens judiska ursprung. Om vi inte förknippade Herrens bön med kristendomen idag, skulle judar lätt kunna recitera den i synagogan. Dess innehåll är judiskt rakt igenom.

En människa blir en Gud

Men hur kom de första kristna på tanken att Jesus kunde vara Guds Son från himlen? Frågan blir inte mindre angelägen av att Paulus formulerar tanken redan i sina tidigaste brev. Samtidigt är det fortfarande mer än ett decennium, kanske två, mellan Jesus död år 30–36 evt och Paulus brev från omkring år 50 evt.

Det finns en allvarlig felande länk i den kristna rörelsens tidiga historia. Vi kan därför bara spekulera. Trodde de kristna, utifrån sina uppståndelsevisioner, att Jesus hade genomgått en slags apoteos, det vill säga att Gud hade upphöjt Jesus till gudom efter hans död? Vissa formuleringar i Nya testamentet skulle kunna peka i den riktningen. Även i grekisk-romersk religion blev kejsare som Augustus och heliga män som Apollonius av Tyana upphöjda till gudar efter sin död, medan vissa judar föreställde sig att Moses hade tagits upp till himlen.

Eller började de kristna ta Jesus hänvisning till Gud som sin far till en ny nivå? På flera ställen i evangelierna börjar Jesus i den grekiska originaltexten plötsligt tala sitt modersmål arameiska och kallar Gud för *abba*, det vill säga far. Kan de kristna utifrån detta ha dragit slutsatsen att Jesus också var Guds son?

Eller fanns det faktiskt enstaka sprickor i judendomens monoteism? Ordspråksboken i Gamla testamentet föreställer sig att Gud skapade jorden med en himmelsk medhjälpare, Visheten, och senare judiska texter som Syraks bok beskriver hur denna gudomliga medhjälpare hade visat sig för Israels folk.

Paulus brev reflekterar hur de första kristna började beskriva Jesus inte bara som en vis man, utan som självaste Visheten från Gud. Och därifrån var steget kort till en slags två-enighet med Gud som Skapare och Jesus som Visheten, vilket under de följande århundradena utvecklades till en egentlig kristen treenighetslära om Gud som fader, son och helig ande. Efterhand som icke-judar konverterade till den kristna rörelsen och den gradvis växte bort från judendomen, slog idén om Jesus som Guds son rot som en dogm inom kristendomen.

Här stöter vi på en annan brottyta mellan Jesus och den kristna rörelse som följde efter honom. Jag tror inte att den historiske Jesus sade till lärjungarna att gå ut och göra alla nationer till lärjungar. Jesusrörelsen var, på Jesus egen tid, en intern judisk reformrörelse. I Matteusevangeliet betonar Jesus upprepade gånger för lärjungarna att judar och endast judar är målgruppen.

Idén att inkludera icke-judar och bli en multietnisk rörelse uppstod först efter Jesus död. Och den var inte okontroversiell. De kristna var tvungna att hålla det så kallade apostlamötet kring frågan omkring år 50 evt, där Jesus egna lärjungar som Petrus och hans bror, Jakob, faktiskt var skeptiska till idén, medan dess starkaste förespråkare var nykomlingen Paulus.

Och kosmopoliten Paulus vann den kampen. Några decennier senare stödde evangelieförfattarna idén och legitimerade den genom att lägga ord i Jesus mun så att han också skulle tala till förmån för den. Kanske trodde de att de helt enkelt följde Jesus skenbart slappa inställning till judiska rituella identitetsmarkörer. Kanske mindes de hans okonventionella öppenhet för samhällets utstötta och marginaliserade.

Under alla omständigheter: Om Paulus idé inte hade vunnit gehör, skulle kristendomen förmodligen ha förblivit en liten judisk sekt. Kanske bortglömd och utdöd idag, kanske känd från några gamla manuskriptfragment med obegripliga utsagor som ”älska era fiender”.

Mannen med de många ansiktena

Dagens föreställningar om Jesus präglas främst av de fyra evangelierna i Nya testamentet. För de första kristna generationerna fungerade evangelierna som ett slags kollektivt minne. Och för kollektiva minnen gäller att det är inte det förflutna utan nuet som är viktigast. Mycket går förlorat eller göms i arkiven, men vi minns de händelser från det förflutna som vi fortfarande kan använda i ett nutida sammanhang. Och nuet färgar det förflutna.

Låt mig jämföra med TV-serien *Matador.* Danmarks Radio började sända den år 1978, och sedan dess har både danskar och svenskar flera gånger fått följa historien, från det att den fattiga handelsresanden Mads Skjern stiger av tåget i Korsbæk med sin lille son i handen, till dess att han sitter till bords på bankdirektör Varnæs silverbröllop som en driftig matador. Serien har gradvis fått status som ett gemensamt minne av skapandet av det moderna Danmark. *Matador* utspelar sig under perioden 1929–1947, men märk väl ur ett 1970-talsperspektiv.

I *Matador* ser ett Danmark efter 1968-revolten tillbaka på tiden före år 1968. I *Matador* firar vi därför könens jämställdhet, fri abort, acceptans av homosexualitet, den livsförnekande kristendomens död (representerad av faster Anna) – och kanske saknar vi en förlorad närhet. Vi ser tillbaka på vilka vi var för att förstå vilka vi är. Och Elisabeth Friis med sina progressiva värderingar blir vår identifikationsfigur: en post-1968-själ i en pre-1968-kropp.

I evangelierna är Jesus en slags Elisabeth Friis – inte för att han skulle vara en fiktiv karaktär, utan i den meningen att han är en identifikationsfigur från det förflutna, målad i en senare tids färger. Därför byter Jesus också uttryck beroende på vilken evangelist vi vänder oss till. I Nya testamentet är Jesus redan en man med många ansikten.

Markus koncentrerar sig på att visa att Jesus är Messias på ett nytt sätt. Jesus segrar inte genom krig, utan genom självuppoffring. Och så är Markus evangelieförfattarnas Alfred Hitchcock. Han berättar historien med *suspense*. Även om berättelsen slutar lyckligt med Jesus uppståndelse är det med en slags ironi, för på slutet springer kvinnorna skräckslagna iväg från den tomma graven. Punkt. Kan man avsluta ett evangelium på det viset?

Matteus lägger med Bergspredikan vikten på Jesus som rabbi eller som en ny Moses. Jesus har inte kommit för att upphäva Moses lag, toran, utan för att visa hur dess bud om kärlek till medmänniskan kan levas ut på ett radikalt sätt.

I Lukasevangeliet är Jesus de utslagnas vän. Det heter inte ”Saliga de som är fattiga i anden” som i Matteus, utan: ”Saliga ni som är fattiga”. Och Jesus rör sig bland fattiga, sjuka, funktionshindrade och kvinnor. Elisabeth Ohlsson Wallins *Ecce Homo*-fotografier är på sätt och vis moderna versioner av Lukas Jesusporträtt. Och så försöker Lukas lösa problemet med att Jesus gudsrike har uteblivit: de kristna ska inte passivt vänta på gudsriket, men de har en mission som handlar om att sprida de goda nyheterna i världen. *Heaven can wait.*

Slutligen kommer Johannesevangeliet, där Jesus ständigt talar om sig själv som Guds son från himlen. Budbäraren är själv budskapet. Jesus har nu på allvar själv blivit kristen, skulle man kunna säga. Markus hade annars beskrivit en mänsklig och dödsförskräckt Jesus som dog vanhedrad på korset inför en publik av präster, skriftlärda, Jesus-*groupies,* romerska soldater och en enstaka officer: ”Min Gud, min Gud, varför har du övergivit mig?”.

Men Johannes förvandlar Jesus till en osårbar gudahjälte som själv koreograferar historiens slut. Därför blir korset för Johannes närmast en tron från vilken Jesus redan på förhand förkunnar sin seger: ”Det är fullbordat!” I Johannesevangeliet framstår Jesus som en andra Akilles, men utan någon sårbar akilleshäl. Han är Stålmannen, men i ett universum utan kryptonit. Kort sagt, det finns många Jesus-versioner att välja mellan i de fyra evangelierna. Detta är en av Bibelns styrkor, menar jag – om jag i den här bokens elfte timme ska säga lite mer om *my personal Jesus.*

På var sina sätt gör evangelieförfattarna berättelsen om Jesus till en universell berättelse med relevans för eftervärlden. Den blir mer än berättelsen om ett slumpmässigt tortyroffer från det förflutna som skulle ha kunnat ingå i statistik från Amnesty International. Och det är innehållet i evangelierna som utgör kristendomens grundberättelse, dess myt om man så vill, inte rekonstruktionen av den historiske Jesus.

Kristendomen insisterar ju på att vi inte bara ska förhålla oss historiskt till Jesus, utan först och främst existentiellt till de frågor han ställer till oss. Annars spelar det ingen roll. Som den ryske författaren Fjodor Dostojevskij skrev i ett brev från

1854: ”Om någon gav mig beviset för att sanningen om vårt liv inte finns i Kristus, och om sanningen inte verkligen fanns hos Kristus, då skulle jag hellre vara hos Kristus än hos sanningen”. Det låter kanske lite onödigt grandiost, men jag tror att jag förstår vad han menar. Det finns objektiva historiska sanningar och personliga existentiella sanningar. Kunskap och tro. Det är enögt att reducera den ena till den andra. Människan lever inte av bröd allena.

En guru i tiden?

Jag började med att berätta om min chock när jag först hörde: ”Älska era fiender”. Ända sedan dess har jag varit både Jesus-förskräckt och Jesus-fan. I vår individualistiska tid kan det vara lite tveksamt att ha en guru. Å andra sidan vimlar marknaden av influerare, coacher och fitnessguruer.

Men jämfört med Jesus tycker jag att de andra guru-figurerna ter sig alltför ytliga. De erbjuder självförverkligande, predikar att allt är möjligt och gör oss rädda för att missa det optimala. De hjälper till att skapa accelerationssamhället, för att använda den tyske sociologen Hartmut Rosas beskrivning av vår tid. Det är en evig prestationskamp som stressar oss med ständigt nya att-göra-listor att sätta ovanpå alla de andra som redan täcker kylskåpet. Men Jesus tänker annorlunda.

Hans börda är lätt, som han säger i Matteusevangeliet.

För Jesus är livet inte något vi själva behöver skapa eller stå fast vid. Livet är något vi får. Det goda överrumplar. Vi kan söka efter det och ta vara på det, men livet är i grund och botten något som händer oss när vi är upptagna med att göra upp andra planer, för att citera John Lennon. Som när en kvinna plötsligt hittar ett borttappat mynt och fylls av tacksamhet. Jesus tolkar det okontrollerbara livet som en gåva från Gud, som ”låter sin sol gå upp över onda och goda och låter det regna över rättfärdiga och orättfärdiga”.

Men för Jesus rymmer gåvan också en uppgift. Gudsriket är nära, så det är ingen mening med att hamstra det goda du har fått. Det är annars vad den rike mannen i en av liknelserna gör. Han bygger ständigt ut sina bågnande lador och dör sedan just den dag då han ska börja njuta av allt sitt slit. Men Jesus kritiserar varje form av existentiell självförsäkring. Det goda kan inte ägas. Du måste släppa taget och gå ut till andra människor med det. Som kvinnan med det upphittade myntet, hon som bara måste ställa till fest för grannarna: ”Ge som gåva vad ni har fått som gåva”. Den judiske sångaren och författaren Leonard Cohen – mannen med ”Hallelujah” – beskriver på sitt eget sätt varför Jesus fortsätter att förskräcka och fascinera:

> Jag är väldigt förtjust i Jesus Kristus. Han är kanske den vackraste person som någonsin har vandrat på jordens yta. Var och en som säger ”Saliga de fattiga. Saliga de ödmjuka” måste vara en person med oöverträffad generositet, insikt och galenskap... en människa som förklarade sig stå bland tjuvarna, de prostituerade och de hemlösa. Hans hållning är obegriplig. Det är en omänsklig generositet. En generositet som skulle omkullkasta världen om den omfattades, eftersom ingenting skulle kunna stå emot en sådan barmhärtighet.

Noter

1. Jakten på den historiske Jesus

Var står det?

Bergspredikan. Se Matteusevangeliet, kapitel 5–7.

Paulus om människan Jesus. Se Romarbrevet, kapitel 1, vers 3; Första Korinthierbrevet, kapitel 2, vers 8; kapitel 7, vers 10; kapitel 9, vers 5 och 14; kapitel 11, vers 23–25; Galaterbrevet, kapitel 4, vers 4.

Icke-kristna författare om Jesus. Se Josefus, *Judiska fornminnen* 18.63–64; 20.200; Tacitus, *Annaler* 15.44; Suetonius, *Claudius* 25.

Frågor

- Varför är Jesus en av de viktigaste personerna i världshistorien?

- Har du lärt dig något nytt om den historiske Jesus av att läsa kapitlet? Vad?
- Tycker du att det är intressant eller obehagligt att närma dig Jesus som historisk person? Varför?

2. Juden Yeshua

Var står det?

Jesus födelse. Se Matteusevangeliet, kapitel 1–2; Lukasevangeliet, kapitel 1–2. Se också Markusevangeliet, kapitel 1, vers 27; Johannesevangeliet, kapitel 1, vers 45–46 och kapitel 7, vers 41–42 och 52.

Liknelsen om vingårdsarbetarna. Se Matteusevangeliet, kapitel 20, vers 1–16.

Johannes Döparen. Se Lukasevangeliet, kapitel 1, vers 5–80; Matteusevangeliet, kapitel 3, vers 1–17; Johannesevangeliet, kapitel 1, vers 1–34; kapitel 3, vers 22–30; Markusevangeliet, kapitel 6, vers 14–29; Josefus, *Judiska fornminnen* 18.116–119; Apostlagärningarna, kapitel 19, vers 1–7.

Frågor

- Vad betyder det att Jesus var jude?

- Är det viktigt om Jesus föddes i Betlehem eller i Nasaret?
- Vem var Johannes Döparen?

3. ”Gudsriket är nära!”

Var står det?

Gudsriket. Se Markusevangeliet, kapitel 1, vers 15; kapitel 4, vers 26–32; Matteusevangeliet, kapitel 6, vers 10.

Jesus underverk. Se till exempel Markusevangeliet, kapitel 2, vers 1–12; kapitel 5, vers 25–34; Matteusevangeliet, kapitel 8, vers 5–13.

Kynikern Diogenes i tunnan. Se Plutarkos, *Alexanders liv* 14.

Rabbi Shammai och rabbi Hillel. Se babyloniska Talmud, *Shabbat* 31a.

Jesus och Paulus om toran (Moses lag). Se Matteusevangeliet, kapitel 5, vers 17–48; kapitel 7, vers 12; kapitel 22, vers 34–40; Galaterbrevet, kapitel 5, vers 14; Romarbrevet, kapitel 13, vers 10.

Liknelser. Lukasevangeliet, kapitel 10, vers 25–37 (den barmhärtiga samariern); kapitel 15, vers 11–32 (den förlorade sonen); Markusevangeliet, kapitel 4, vers 1–9 (såningsmannen); Lukasevangeliet, kapitel 15, vers 1–10 (det förlorade fåret och det borttappade myntet).

Frågor

- Vad är gudsriket och hur är det nära?
- Hur tolkar Jesus toran?
- Vilka liknelser känner du till från Nya testamentet? Vilken är din favorit? Varför?

4. Brottet

Var står det?

Jesus sista dagar. Se Markusevangeliet, kapitel 14–16.

”Kamrat Jesus”. Se Sven Wernström, *Kamrat Jesus*, Stockholm: Gidlund, 1971.

Josefus om Pilatus. Se Josefus, *Om det judiska kriget* 2.175–177; *Judiska fornminnen* 18.85–87.

Den judiska profeten från Egypten. Se Josefus, *Om det judiska kriget* 2.261–263.

Jesus om skatt till kejsaren. Se Markusevangeliet, kapitel 12, vers 13–17.

Profeten Theudas. Se Josefus, *Judiska fornminnen* 20.97–98.

Jesus, Ananias son. Se Josefus, *Om det judiska kriget* 6.300–307.

Det äldsta vittnesbördet om Jesus uppståndelse. Se Första Korinthierbrevet, kapitel 15, vers 1–11; Filipperbrevet, kapitel 2, vers 6–11; Markusevangeliet, kapitel 16, vers 1–8.

Frågor

- Kan Jesus ha varit selot? Gör det skillnad om han var det?
- Vad är Jesus tempelaktion?
- Varför dömde Pilatus Jesus till döden genom korsfästelse?

5. Jesus blir kristen

Var står det?

Guds Vishet. Se Ordspråksboken, kapitel 8, vers 22–31; Jesus Syraks vishet, kapitel 24, vers 1–22; Första Korinthierbrevet, kapitel 2, vers 6–8.

Apostlamötet. Se Galaterbrevet, kapitel 2, vers 1–10; Apostlagärningarna, kapitel 15, vers 1–35.

Dostojevskij om Jesus. Se Rowan Williams, *Språk, tro och sanning hos Dostojevskij*, Skellefteå: Artos & Norma, 2010.

Leonard Cohen om Jesus. Se Jim Devlin, *Leonard Cohen in His Own Words*, London: Omnibus, 1998.

Frågor

- Nämn några av skillnaderna mellan de fyra evangelierna i Nya testamentet.
- Är det ett problem att de är olika? Skulle det varit bättre om det bara hade funnits ett evangelium?
- Vad är skillnaden mellan historisk tro och existentiell tro? Är den ena viktigare än den andra? Utesluter de varandra?

Lästips

Bond, Helen K. *The Historical Jesus: A Guide for the Perplexed*. London: T&T Clark, 2012.

Casey, Maurice. *Jesus of Nazareth: An Independent Historian's Account of His Life and Teaching*. London: T&T Clark, 2010.

Crossley, James & Robert J. Myles. *Jesus: A Life in Class Conflict*. Winchester: Zero Books, 2023.

Harrison, Dick. *Jesus*. Lund: Historiska media, 2021.

Sanders, Edward P. *The Historical Figure of Jesus*. London: Penguin, 1995.

Theissen, Gerd och Annette Merz. *The Historical Jesus: A Comprehensive Guide*. Minneapolis: Fortress, 1998.

Wassén, Cecilia och Tobias Hägerland. *Den okände Jesus: Berättelsen om en profet som misslyckades*. Stockholm: Langenskiöld, 2016.

Tro & Liv Bibel

Tro & Liv Bibel är en serie relativt korta texter av allmänintresse från Enskilda Högskolan Stockholm. Vi vill förmedla bibelvetenskapliga bidrag i lättillgänglig form och i dialog med kyrka och samhälle. Publiceringen är i första hand digital och utformningen är enkel. PDF-filer går att ladda ner från *ehs.se/trolivbibel*. Formatet är anpassat så att det ska gå lätt att bläddra och läsa en sida i taget på mobiltelefon eller läsplatta. Samtidigt kan den som föredrar att läsa på papper beställa texterna som böcker via nätbokhandlarna. Redaktör för serien är Thomas Kazen, och det bibelvetenskapliga kollegiet vid EHS tjänar som referensgrupp.

1. Lemos, Tracy M., 2020. *Våld och vapen i Bibelns värld och vår: Två essäer.* Tro & Liv Bibel 1. Stockholm: Enskilda Högskolan Stockholm. ISBN 978-91-982830-7-5.

2. Kazen, Thomas, 2021. *Etik och retorik i Jesustraditionen: Kognitiva och psyko-biologiska*

perspektiv. Tro & Liv Bibel 2. Stockholm: Enskilda Högskolan Stockholm. ISBN 978-91-982830-8-2.

3. Larsen, Kasper Bro, 2023. *Jesus*. Tro & Liv Bibel 3. Stockholm: Enskilda Högskolan Stockholm. ISBN 978-91-88906-23-6.